En honor a la
Feminidad Divina
en cada uno de nosotros...

YO SOY la Diosa

libro para colorear

ISBN-13: 978-1496049377
ISBN-10: 1496049373

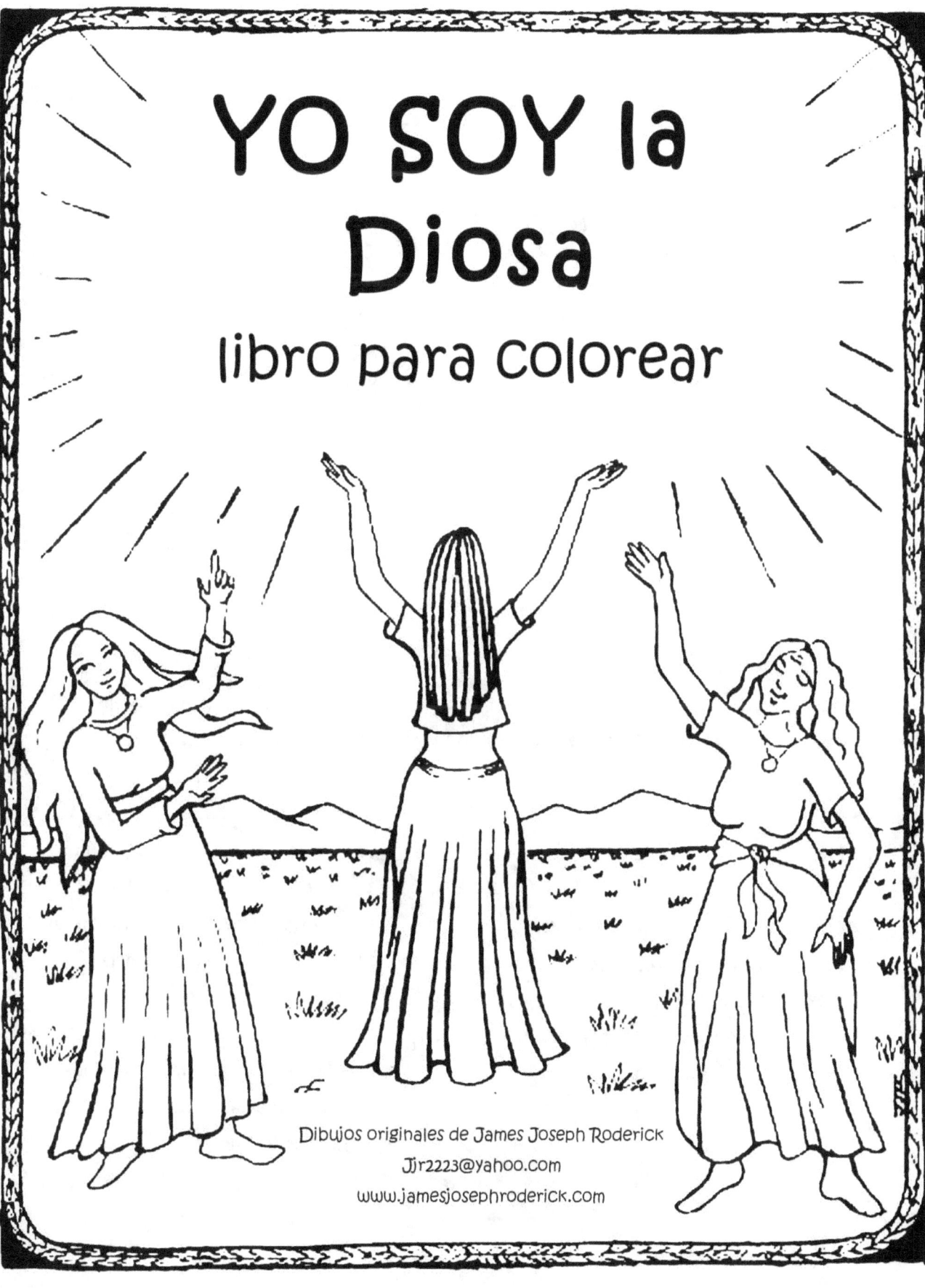

YO SOY la Diosa

libro para colorear

Dibujos originales de James Joseph Roderick
Jjr2223@yahoo.com
www.jamesjosephroderick.com

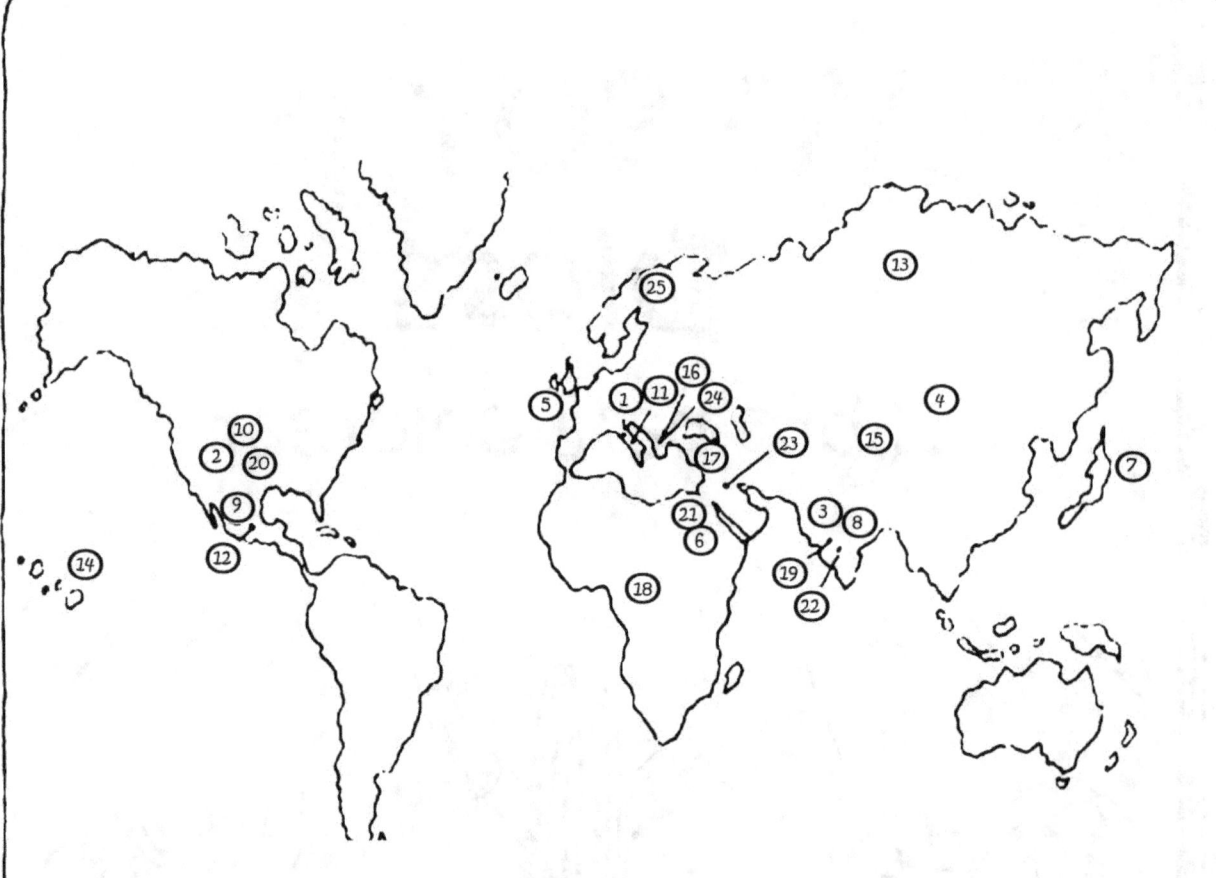

1 Itali.....................Diana	14 Hawaii.....................Pelé
2 América del North.....La Mujer del Búfalo Blanco	15 Tibet.....................Tara
3 India.....................Sarasvati	16 Grecia.....................Ceres
4 China.....................Kwan Yin	17 Israel.....................María
5 Inglaterra.................Epona	18 África.....................Ochún
6 Egipto.....................Nut	19 India.....................Kali
7 Japón.....................Amaterasu	20 América del Norte......La Mujer Araña
8 India.....................Durga	21 Egipto.....................Isis
9 México.....................Guadalupe	22 India.....................Lakshmi
10 América del Norte....La Madre del Maíz	23 Sumaria.....................Inana-Ishtar
11 Italia.....................Venus	24 Grecia.....................Atenea
12 Maya.....................Ixchel	25 Escandinavia.................Freya
13 Rusia.....................Baba Yaga	26 El Mundo Entero.........GAIA

YO SOY Diana

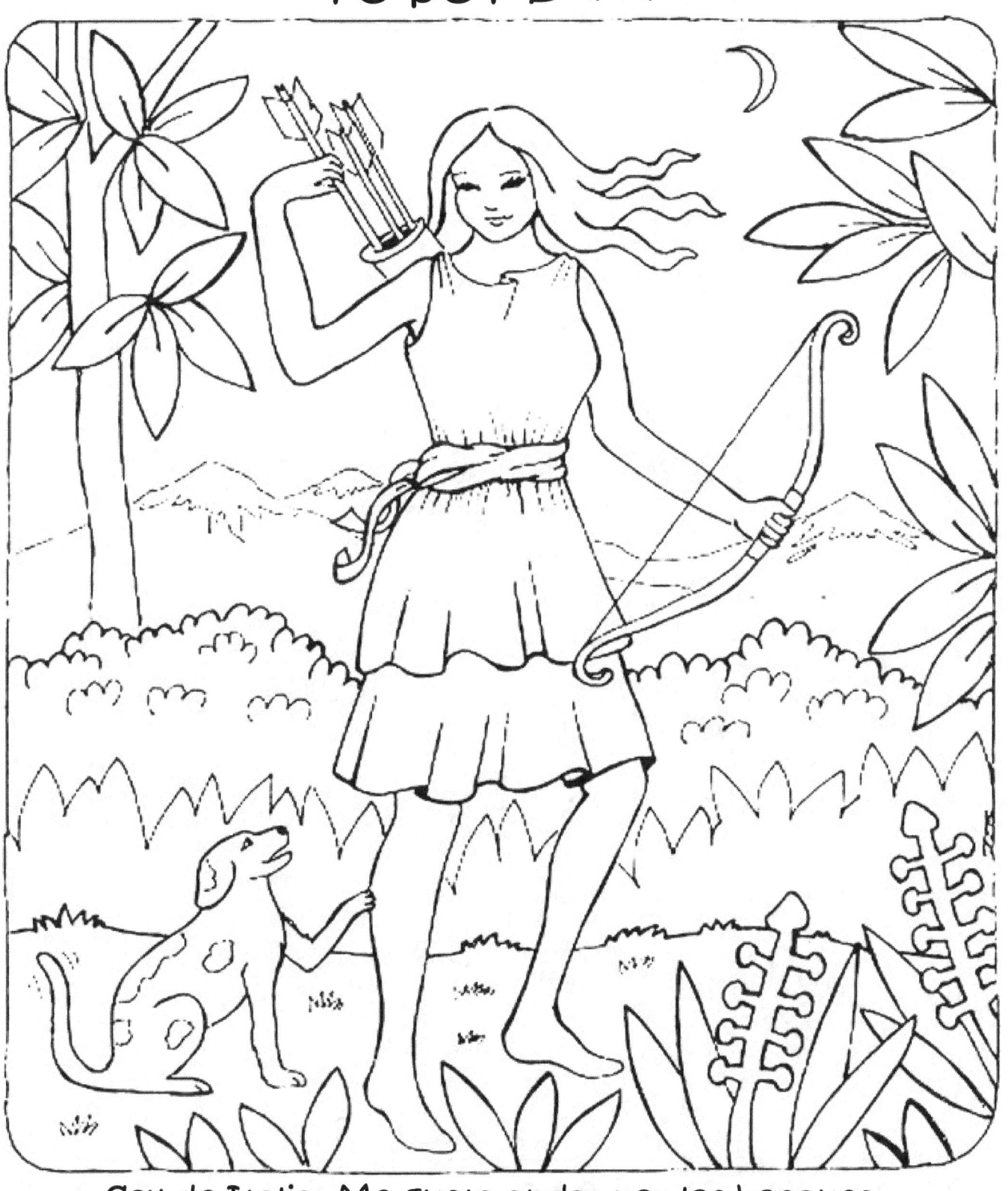

Soy de Italia. Me gusta andar por los bosques
con mi perro, mi arco, y mis flechas.

YO SOY La Mujer del Búfalo Blanco

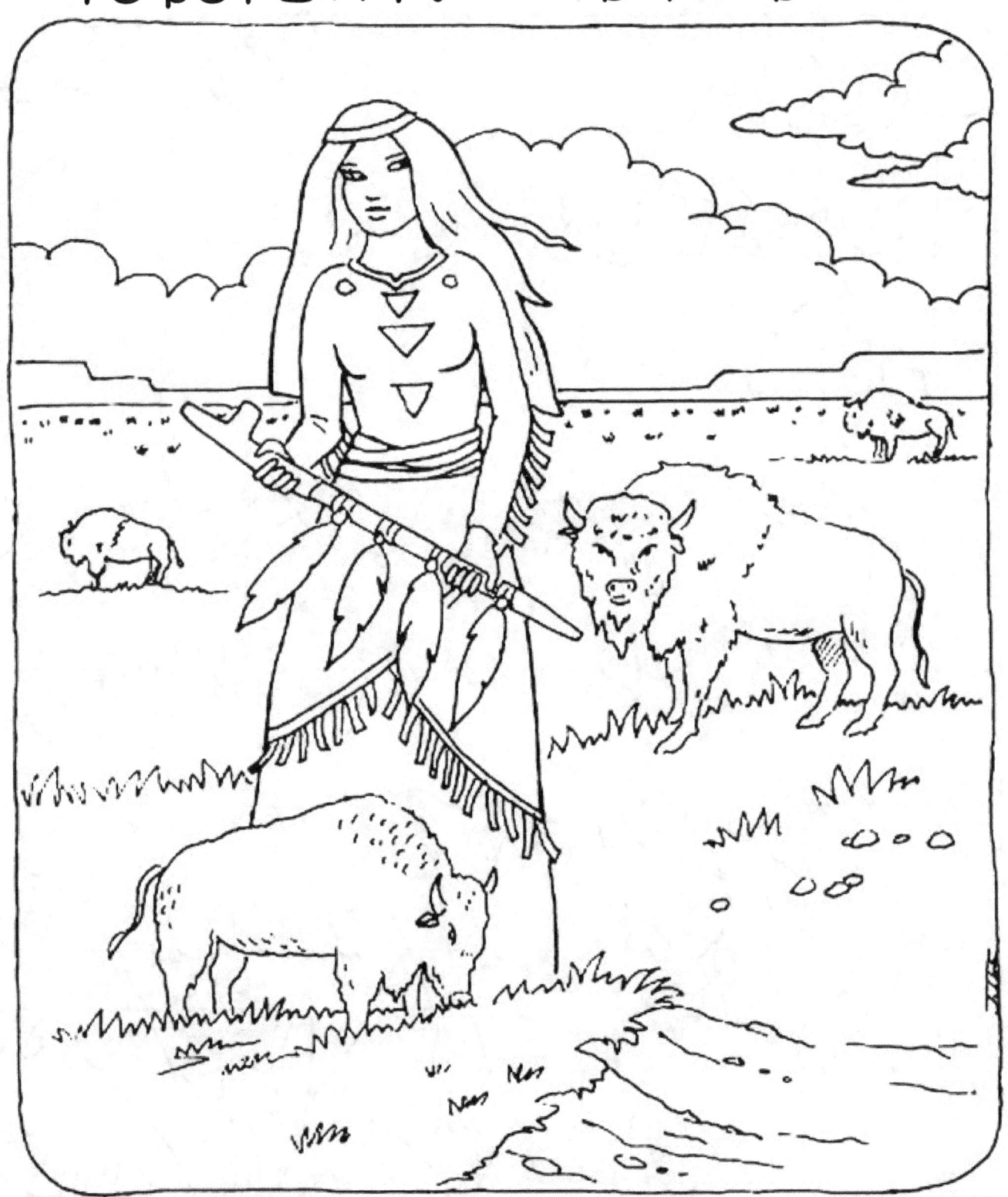

Soy india americana. Le traje a mi pueblo la pipa de la paz
y les enseñé muchas cosas.

YO SOY Sarasvati

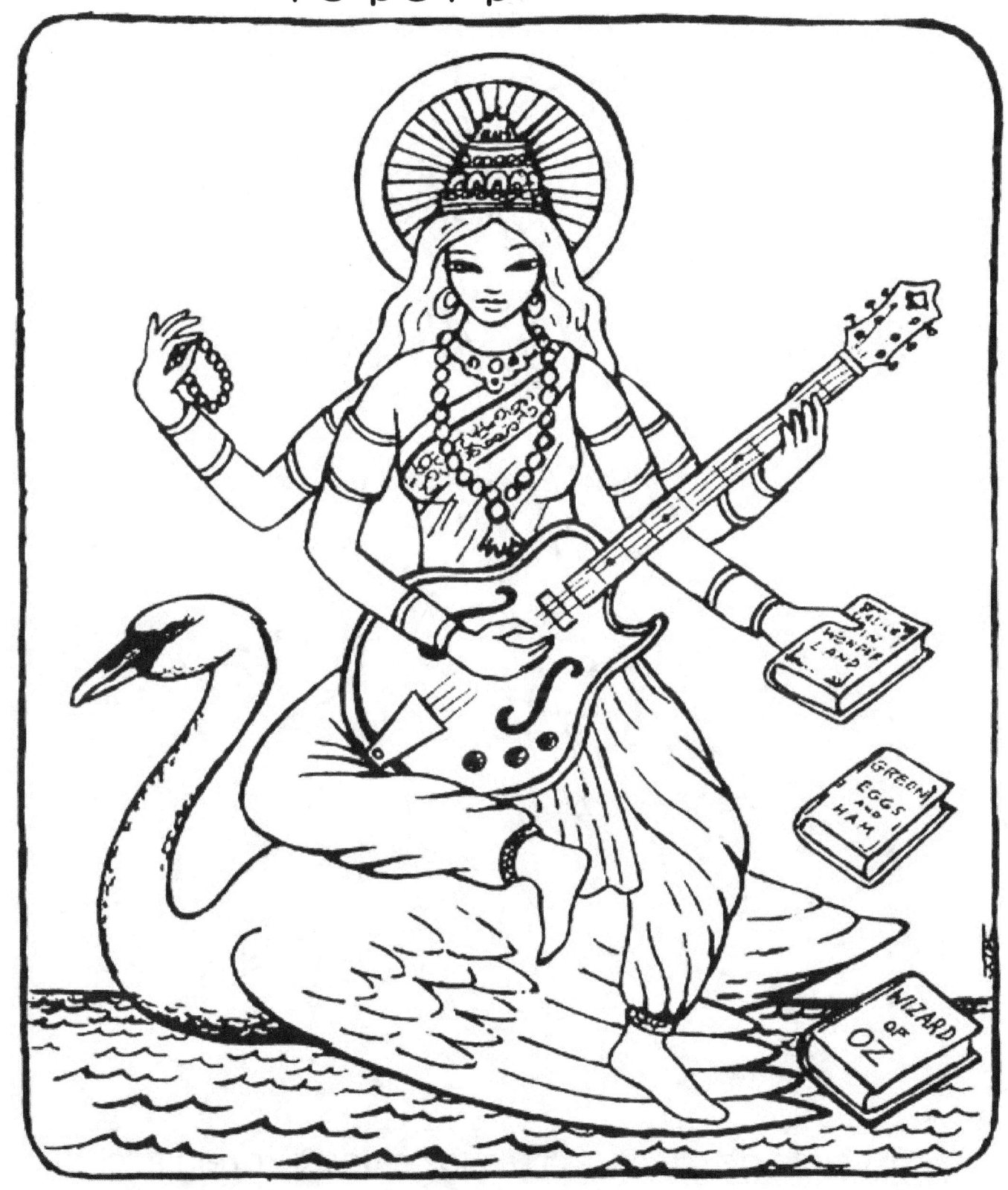

Me gusta la música y aprender cosas nuevas de los libros.
Soy Sarasvati, y vengo de India y de Tibet.

YO SOY Kwan Yin

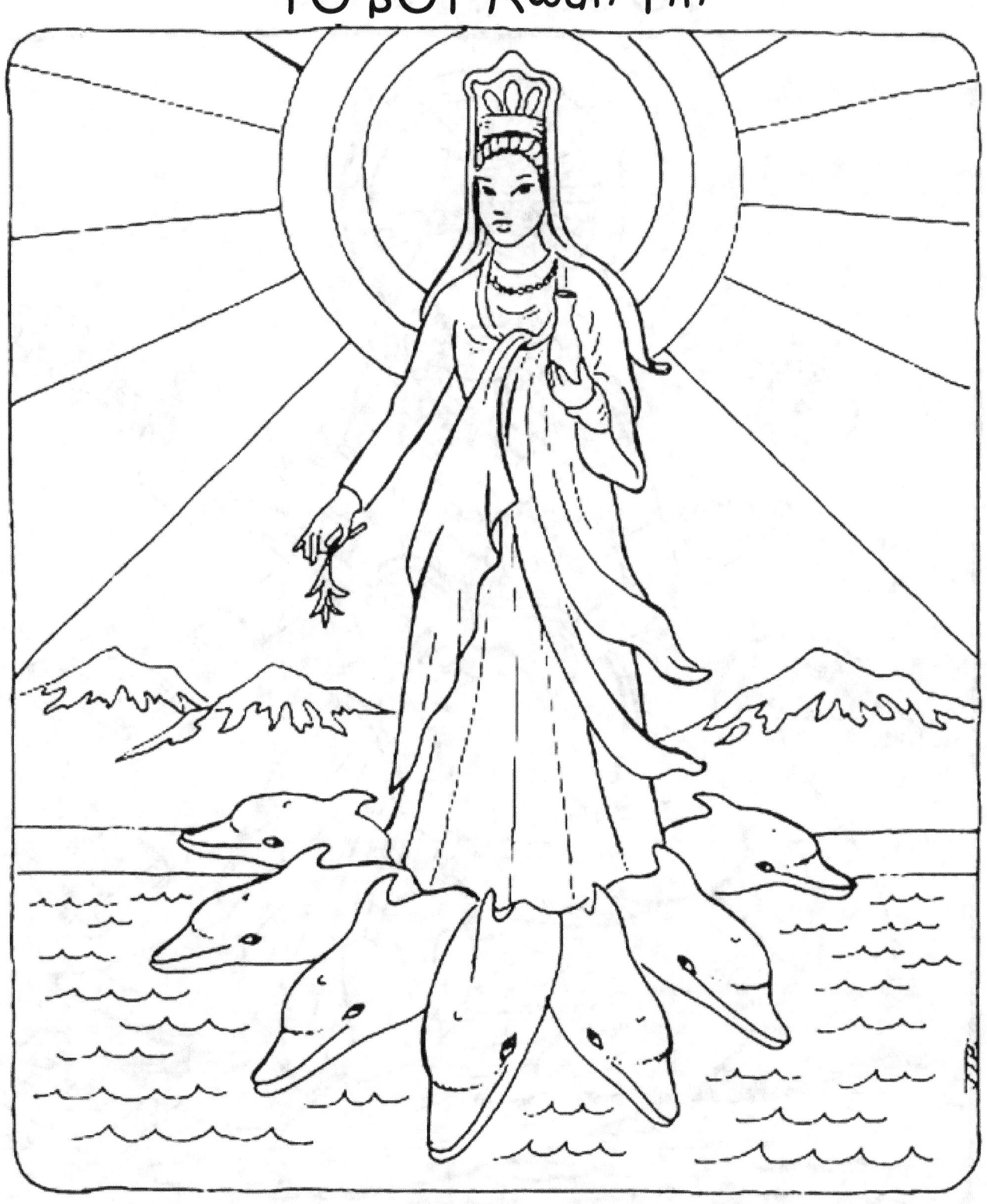

Vengo de China. Amo a los niños. Protejo a los
pescadores, a los marineros, y a todo el que
viaje por el océano.

YO SOY Epona

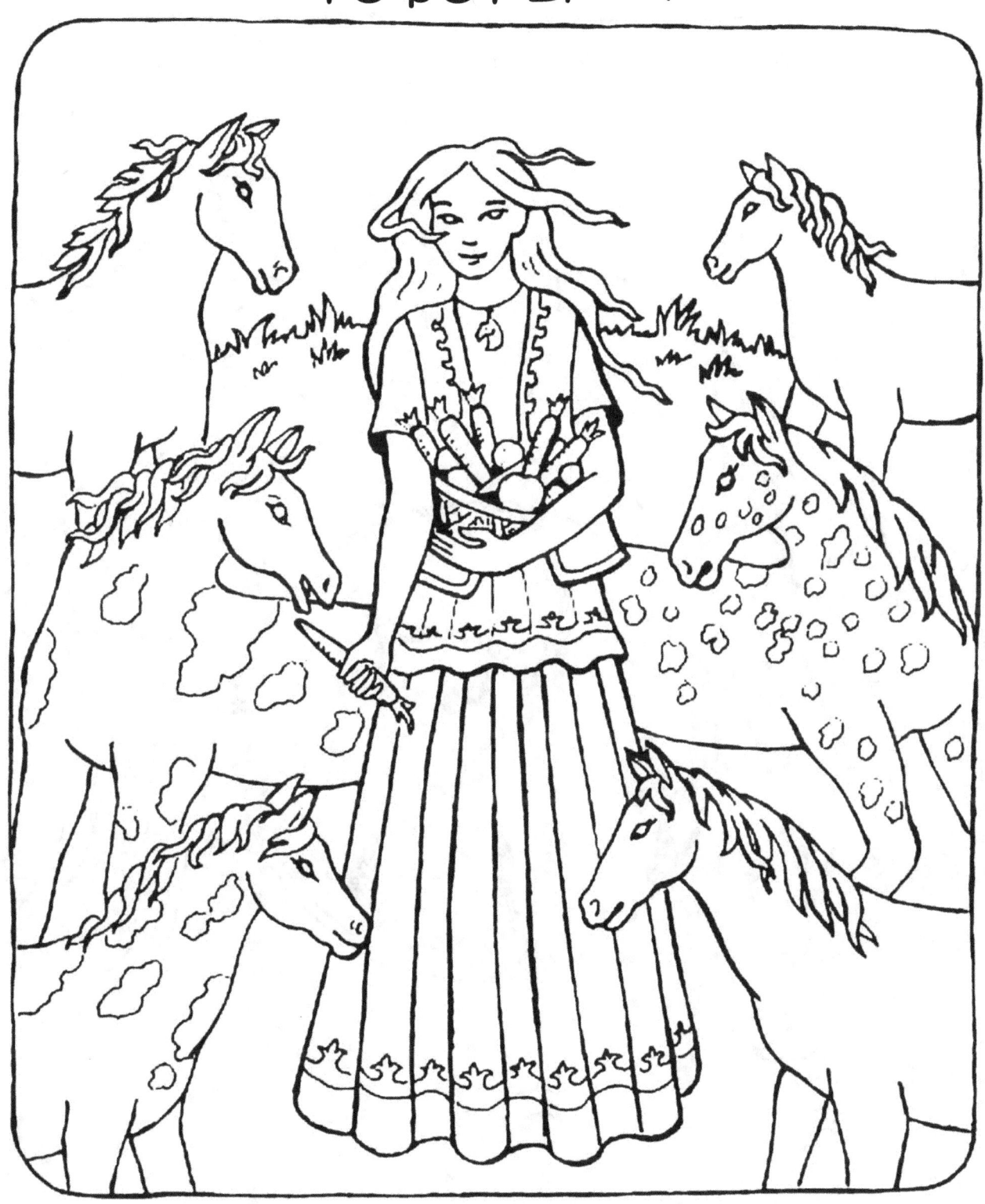

Soy de Inglaterra. Amo todo tipo de caballo,
los pequeños, los grandes, con pintas o con
grandes manchas.

YO SOY Nut

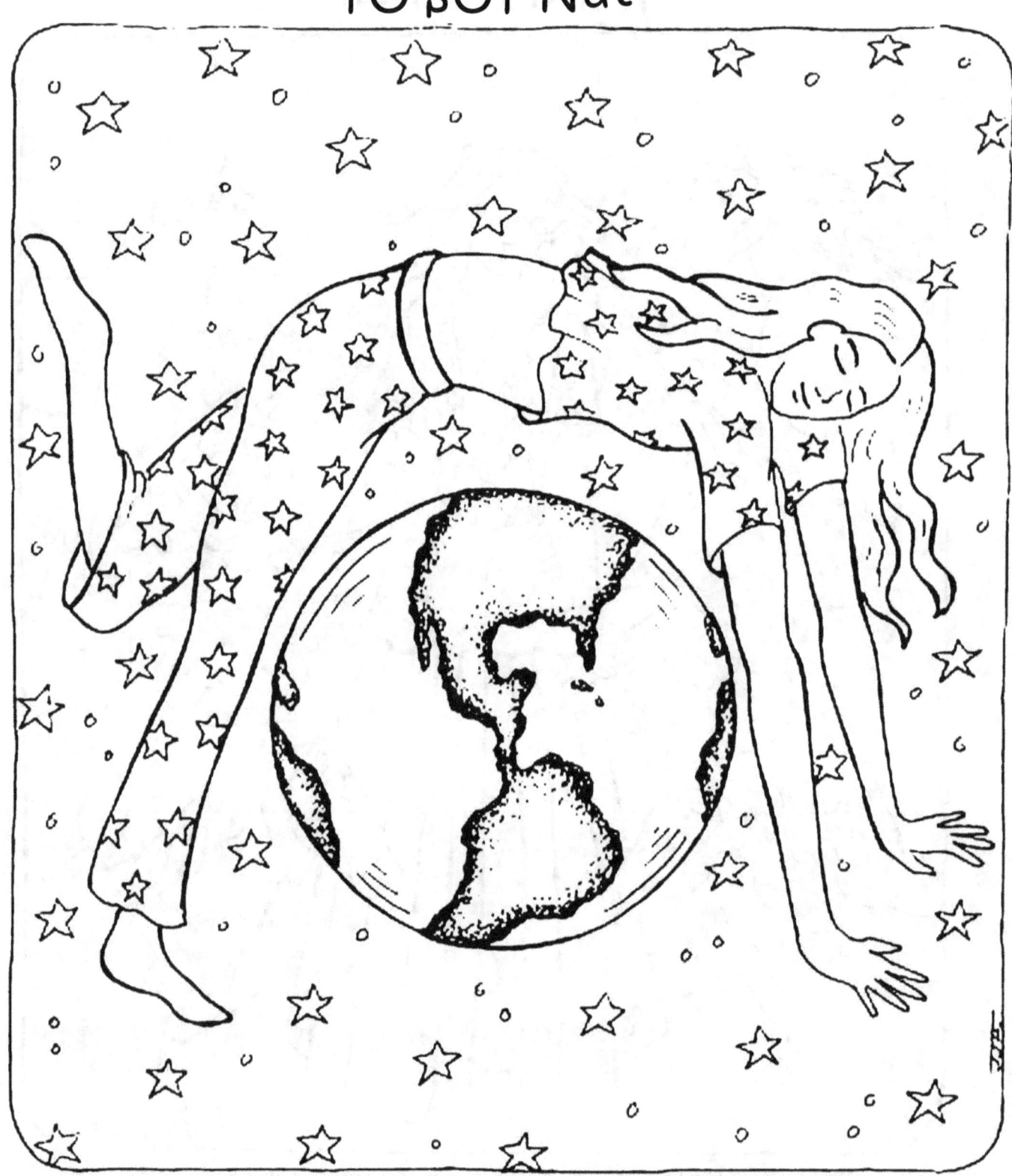

Vengo de Egipto. Traigo el cielo de la noche lleno de estrellas que cubren la tierra por las noches.

YO SOY Amaterasu

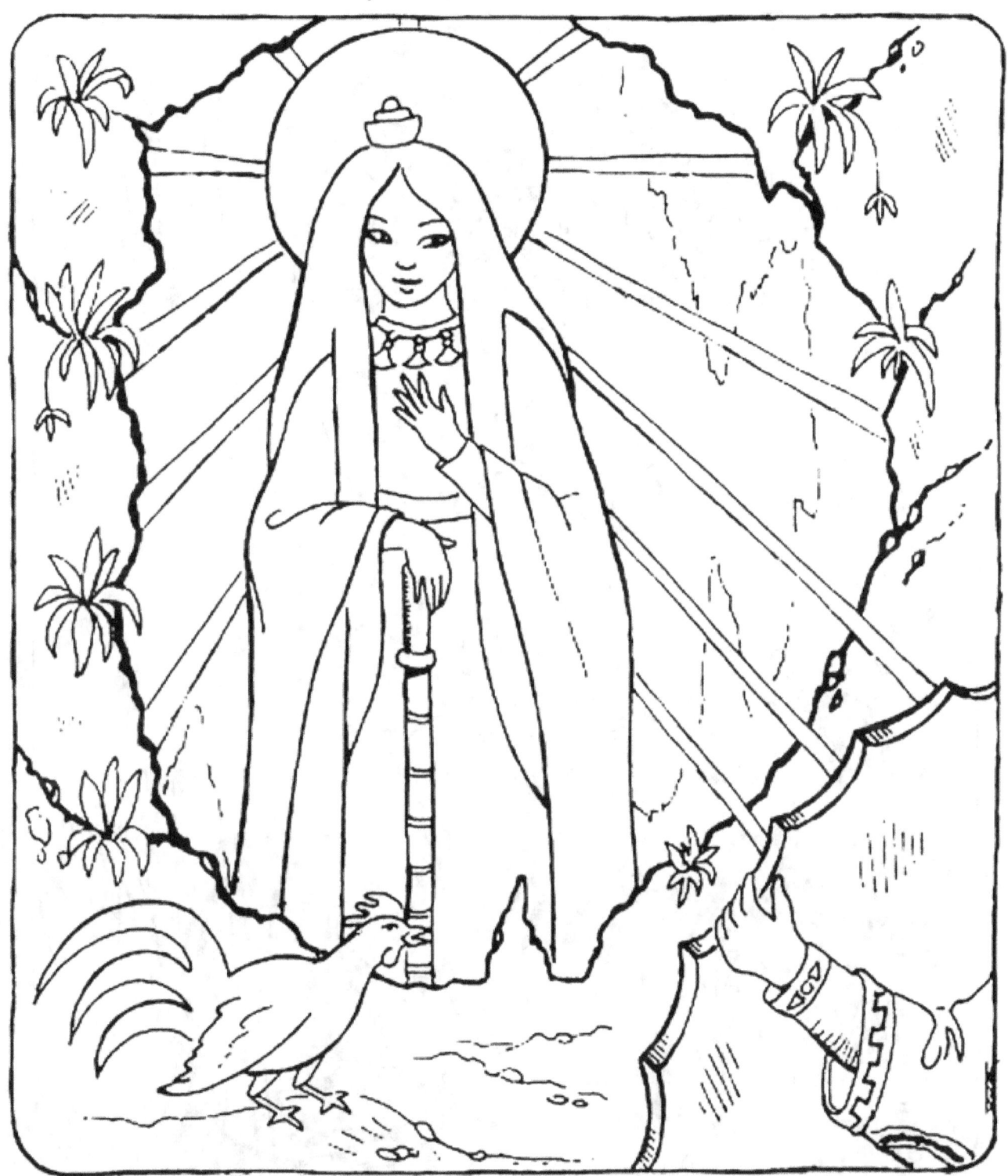

Amo al Sol. Una vez entré a una cueva después de reñir con mi hermano. Al salir me alegré mucho de volver a ver el Sol. Soy de Japón.

7

YO SOY Durga

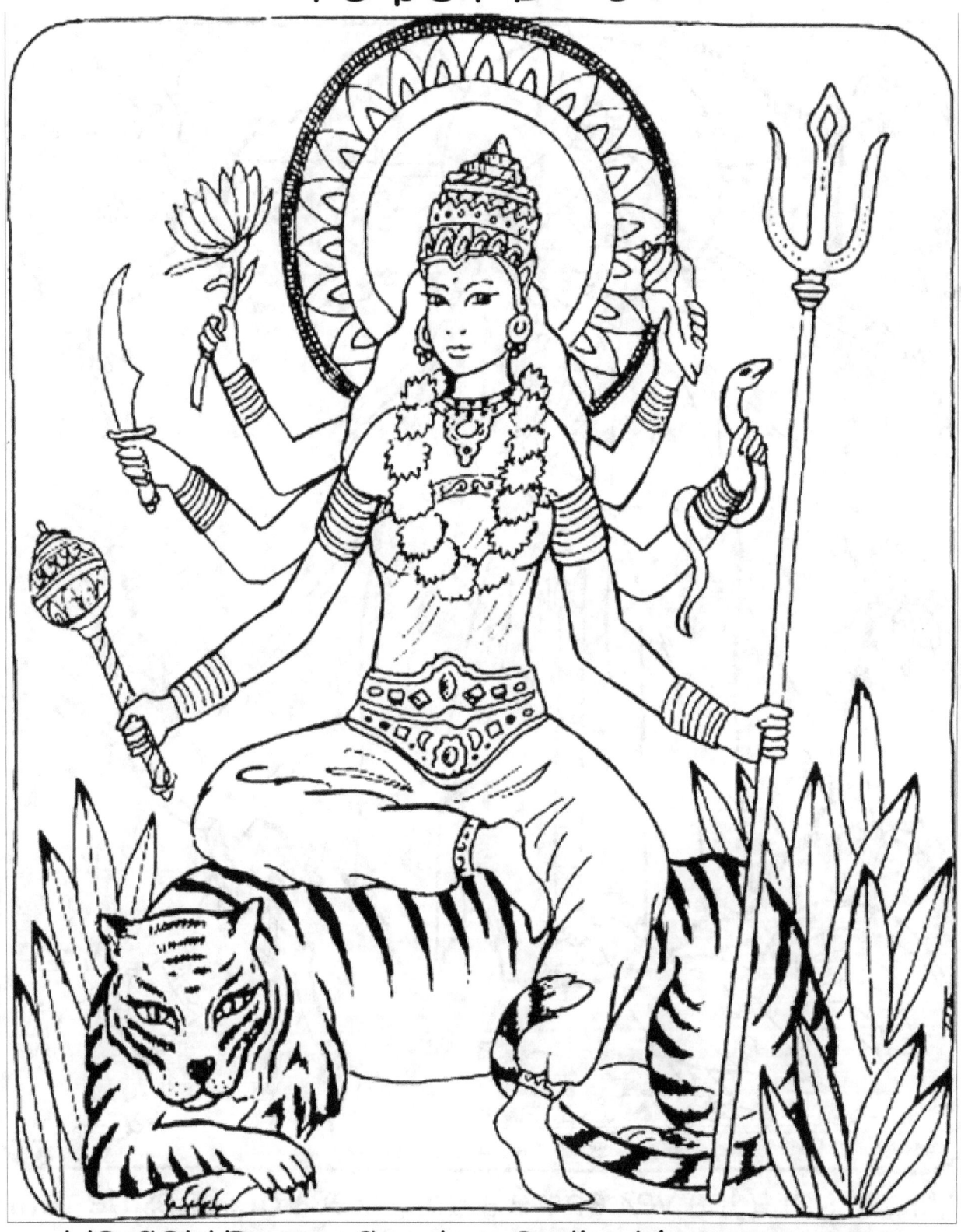

YO SOY Durga. Soy de la India. Me llaman para enfrentarme a los malos. Siempre triunfo.

YO SOY Guadalupe

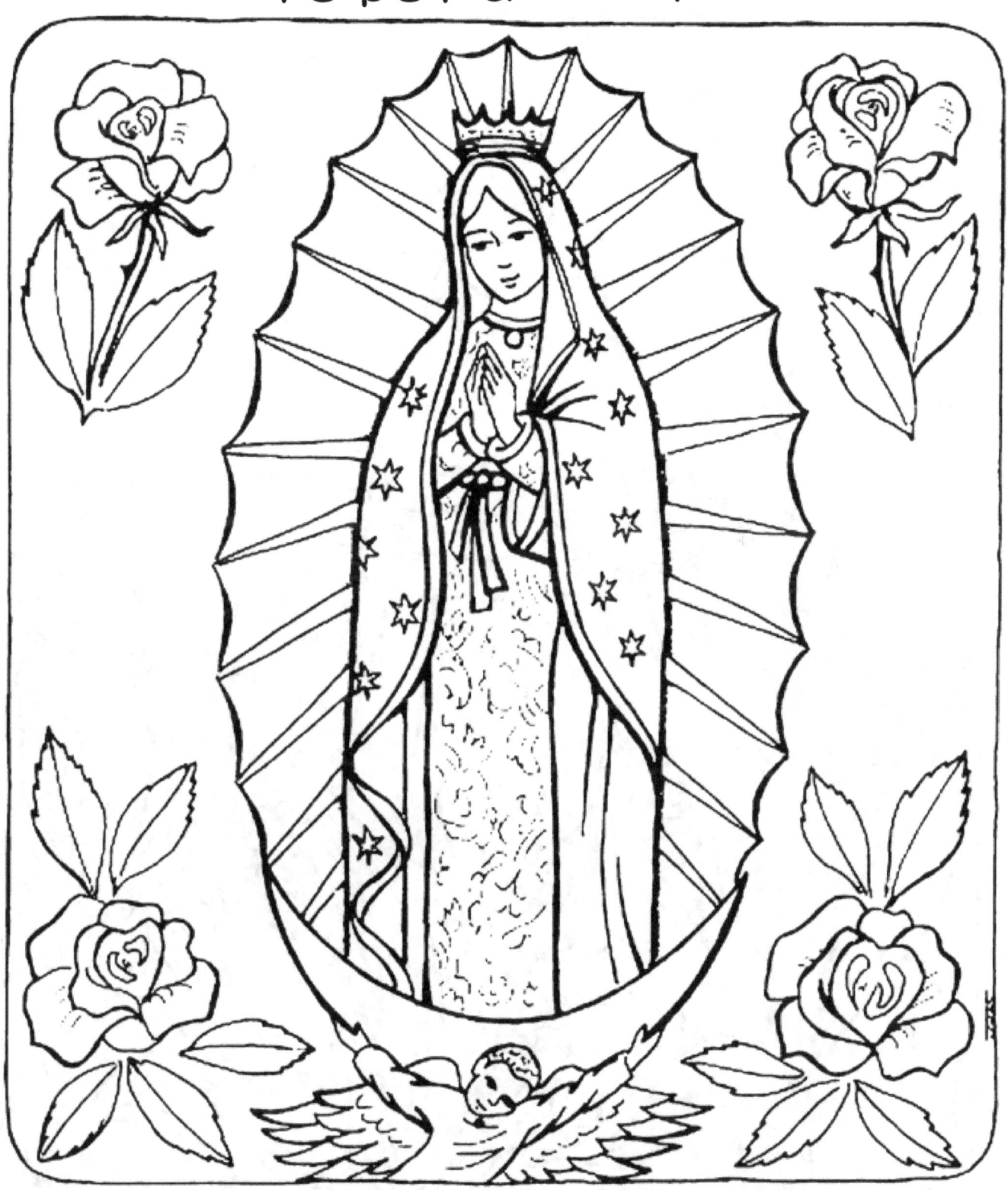

Amo las rosas rojas. Vengo de México.
Soy la Reina de México.

9

YO SOY la Madre del Maíz

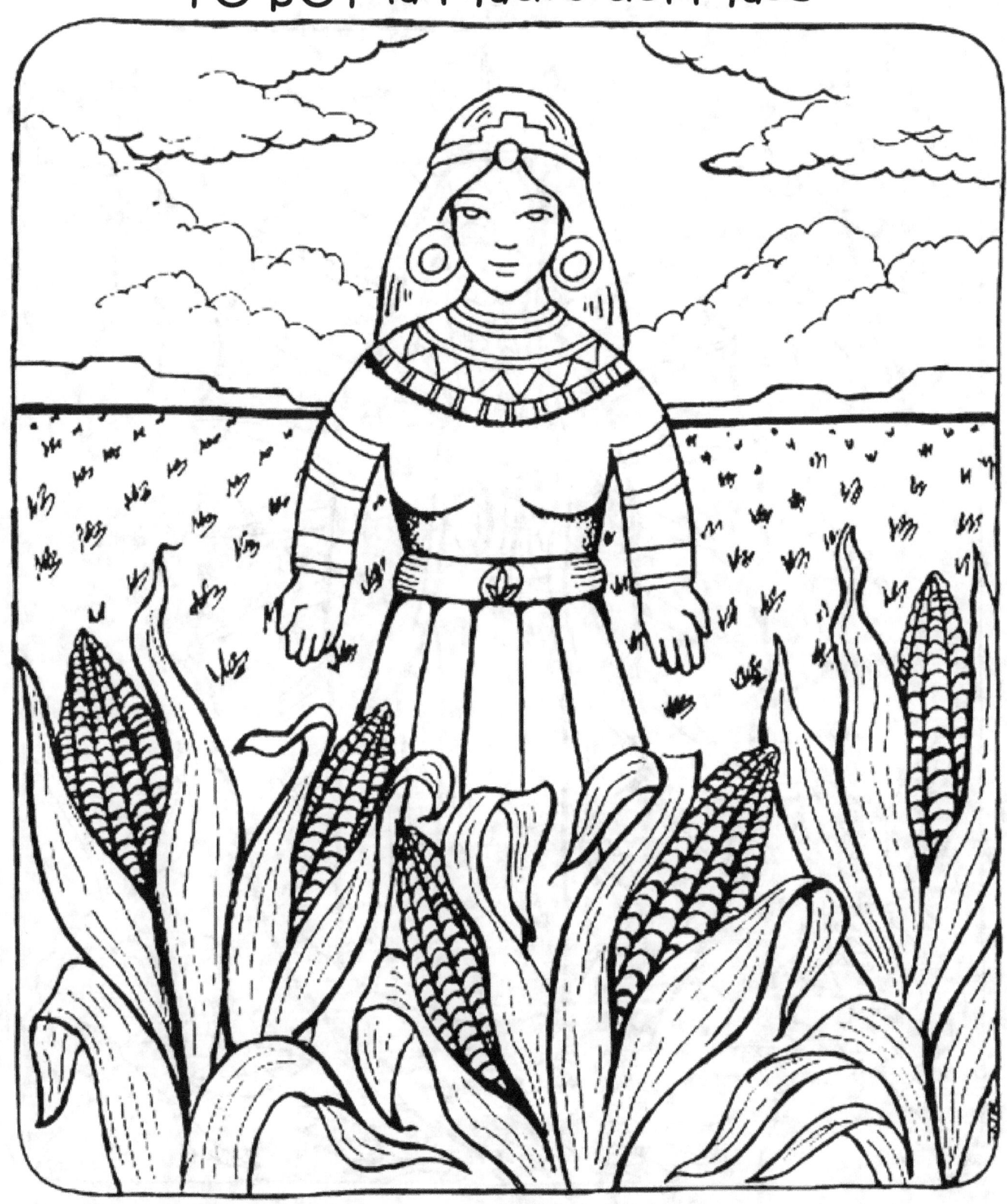

Soy india americana. Enseñé a mi pueblo a hacer
crecer el maíz y a cocinarlo.

YO SOY Venus

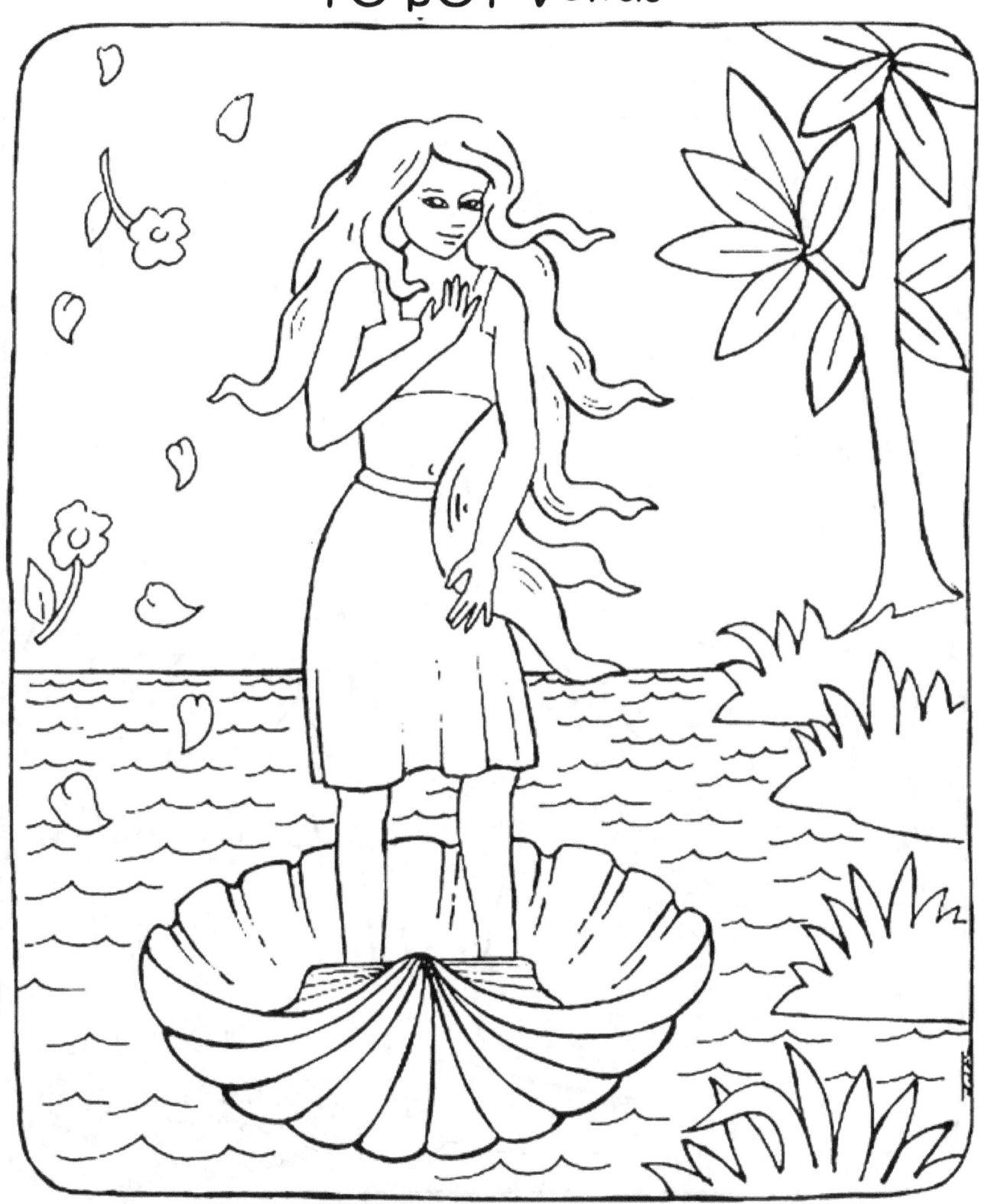

Represento el Amor. Me encanta encontrar cosas
nuevas a las cuales amar. Soy Amor.

YO SOY Ixchel

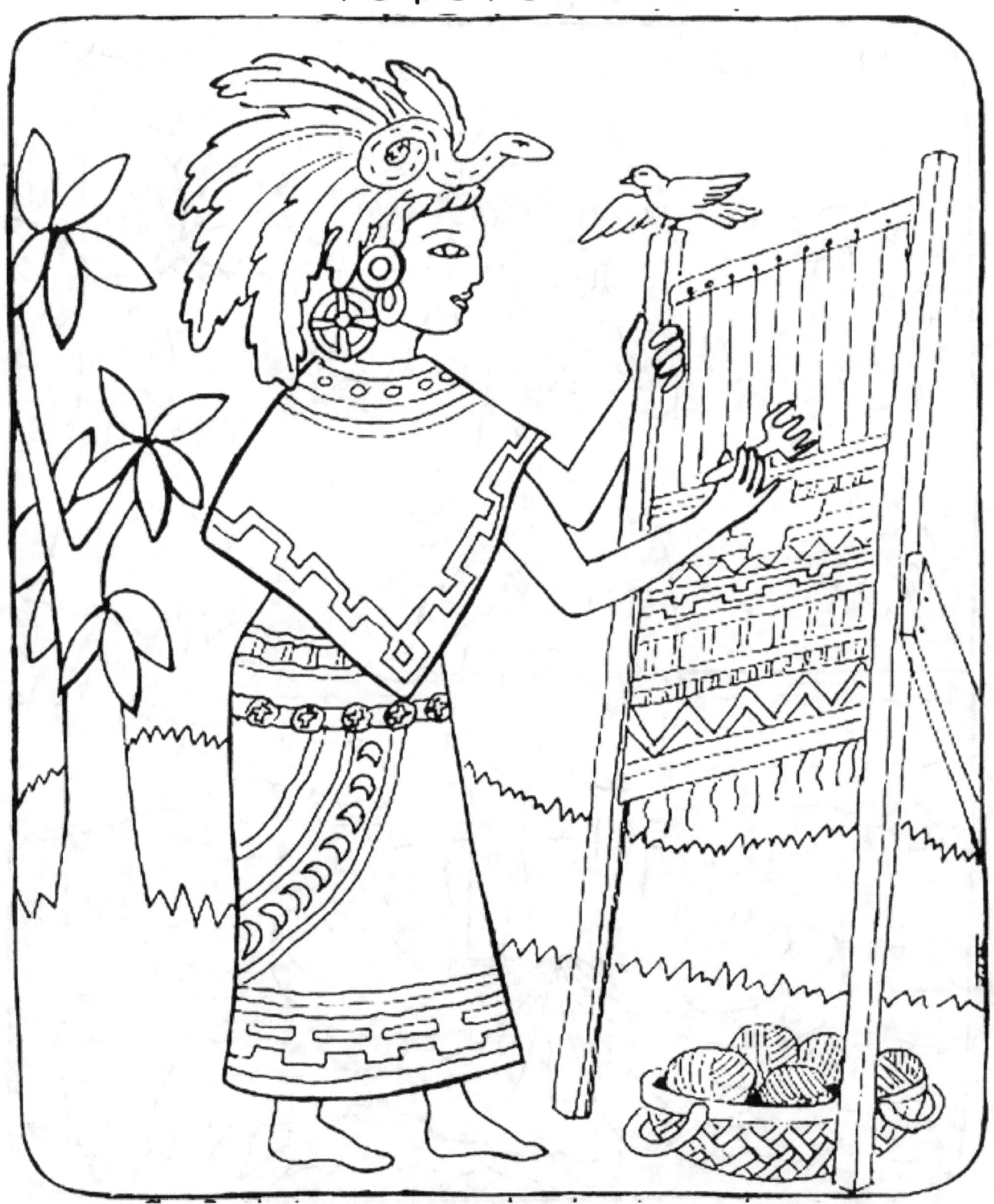

Soy Ixchel y soy maya. Ayudo a las madres con bebés en sus vientres. Soy una gran tejedora.

YO SOY Baba Yaga

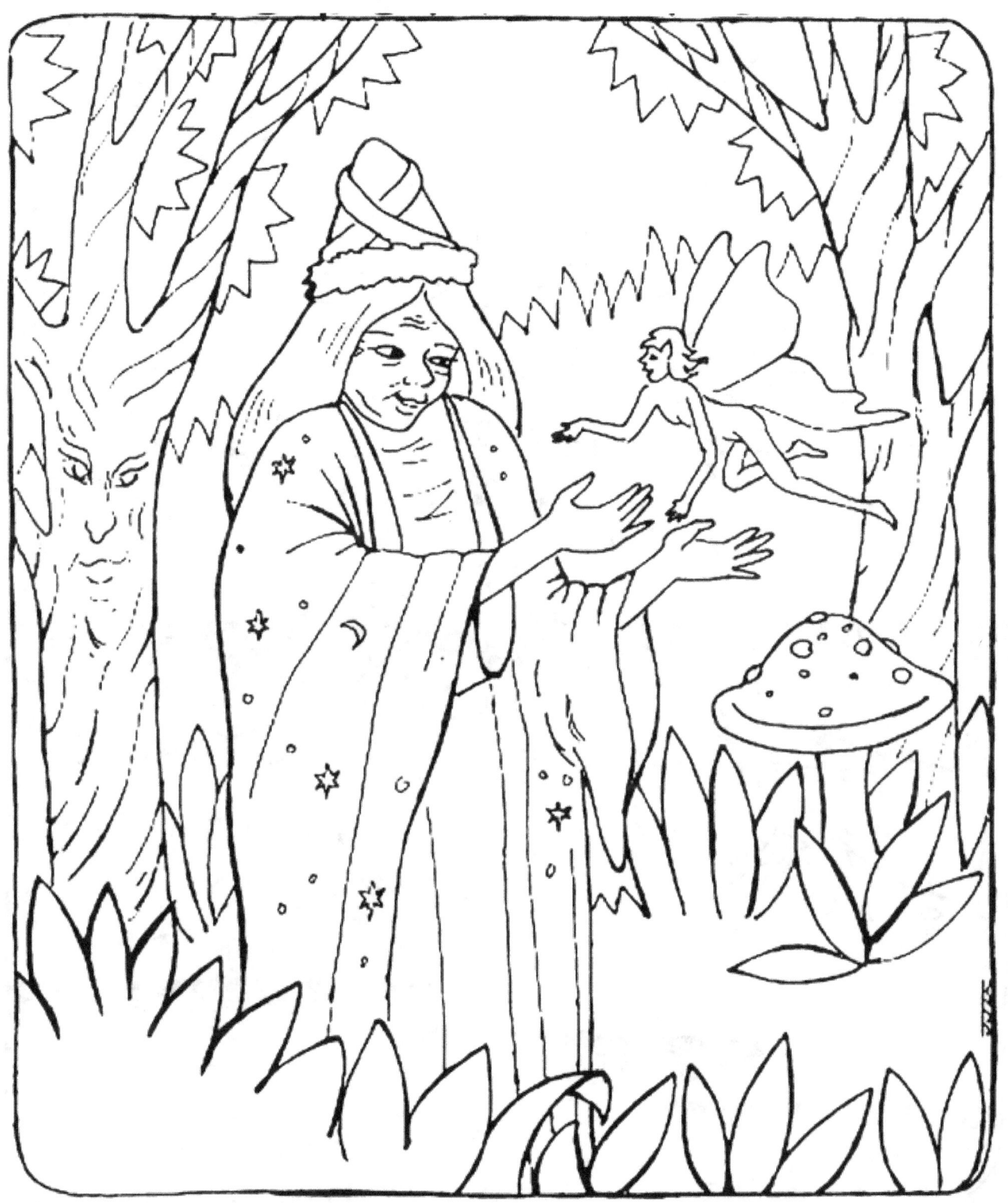

Vengo de Rusia. Vivo en el bosque. Hablo con las plantas
y los árboles. Todas las hadas son mis amigas.

YO SOY Pelé

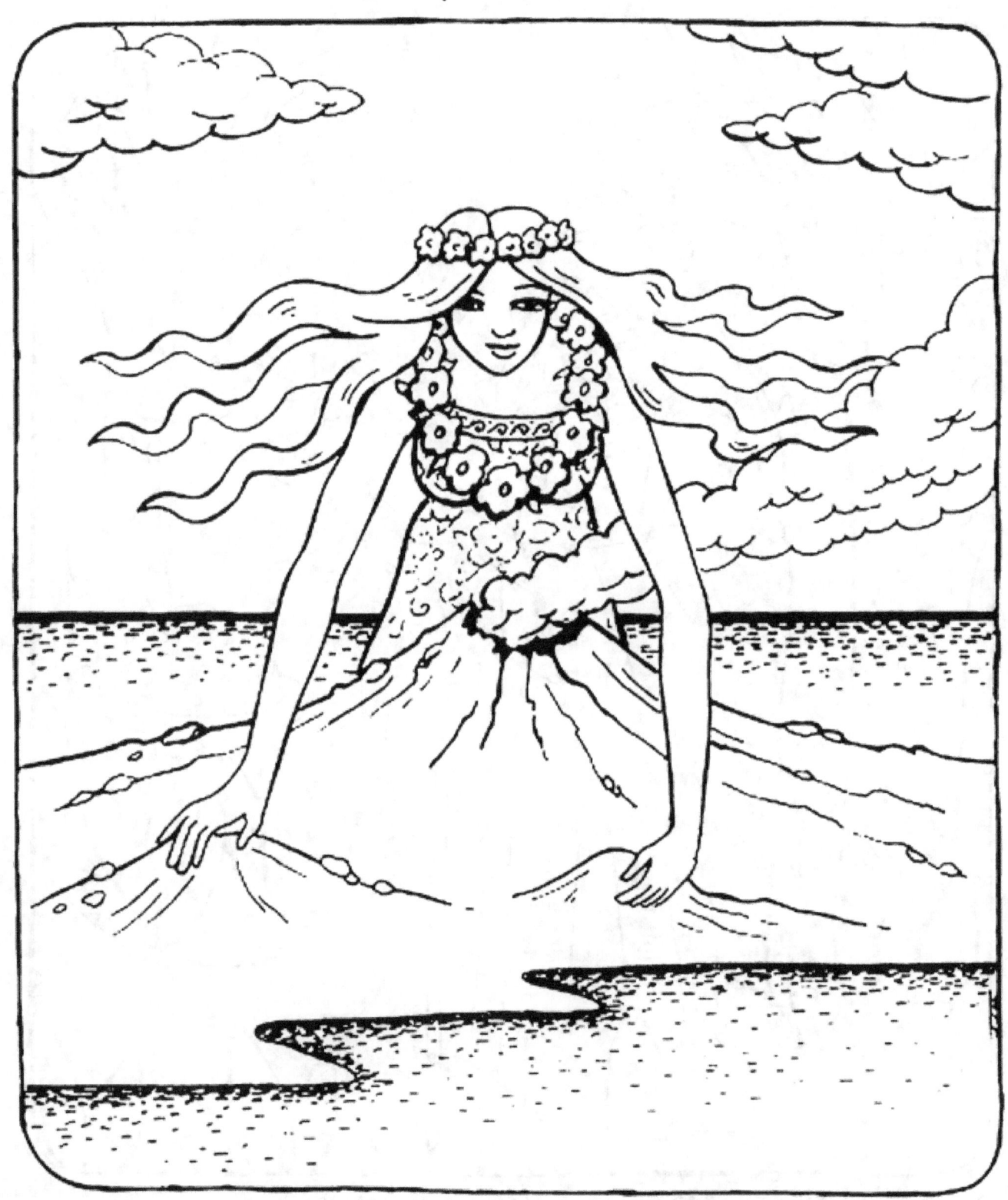

Soy de Hawaii. Vivo en un volcán.
Ayudo a crear las islas hawaiana

YO SOY la Tara Verde

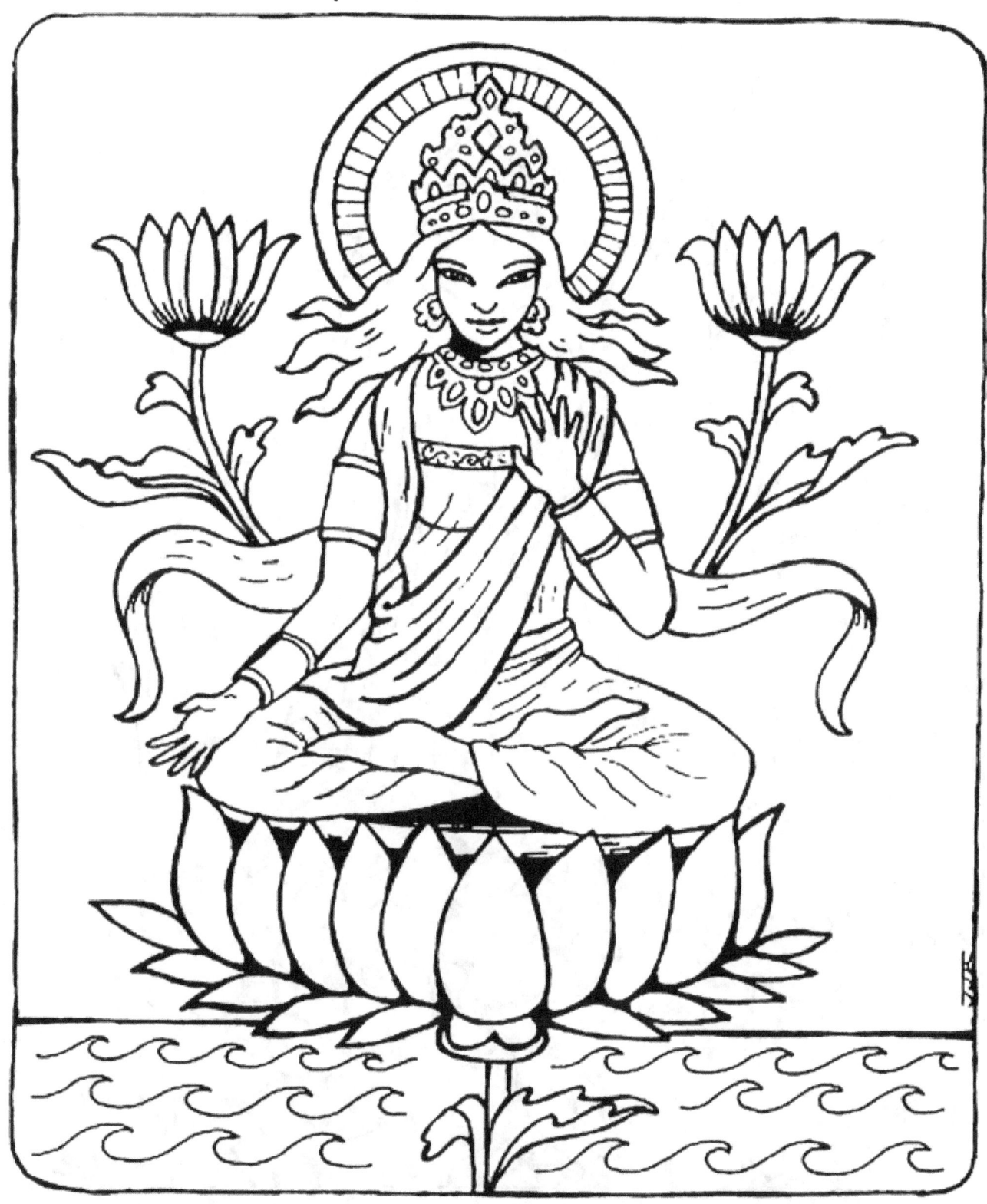

Soy la Tara Verde. Vengo de Tibet. Soy la madre de todos los Budas. Te protejo del temor.

YO SOY Ceres

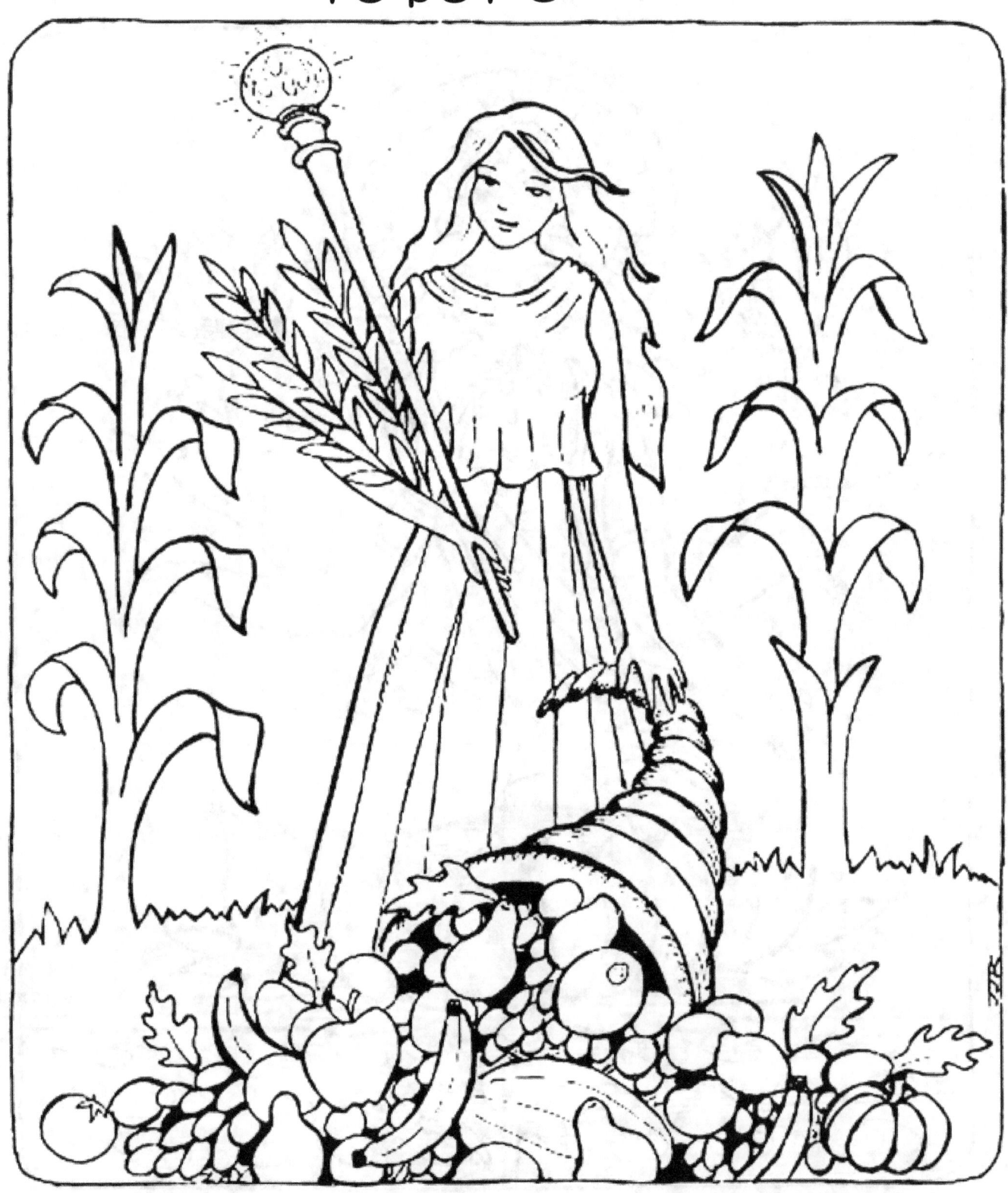

Soy de Grecia. Sé hacer crecer a todas las plantas.
Conozco sus secretos.

YO SOY María

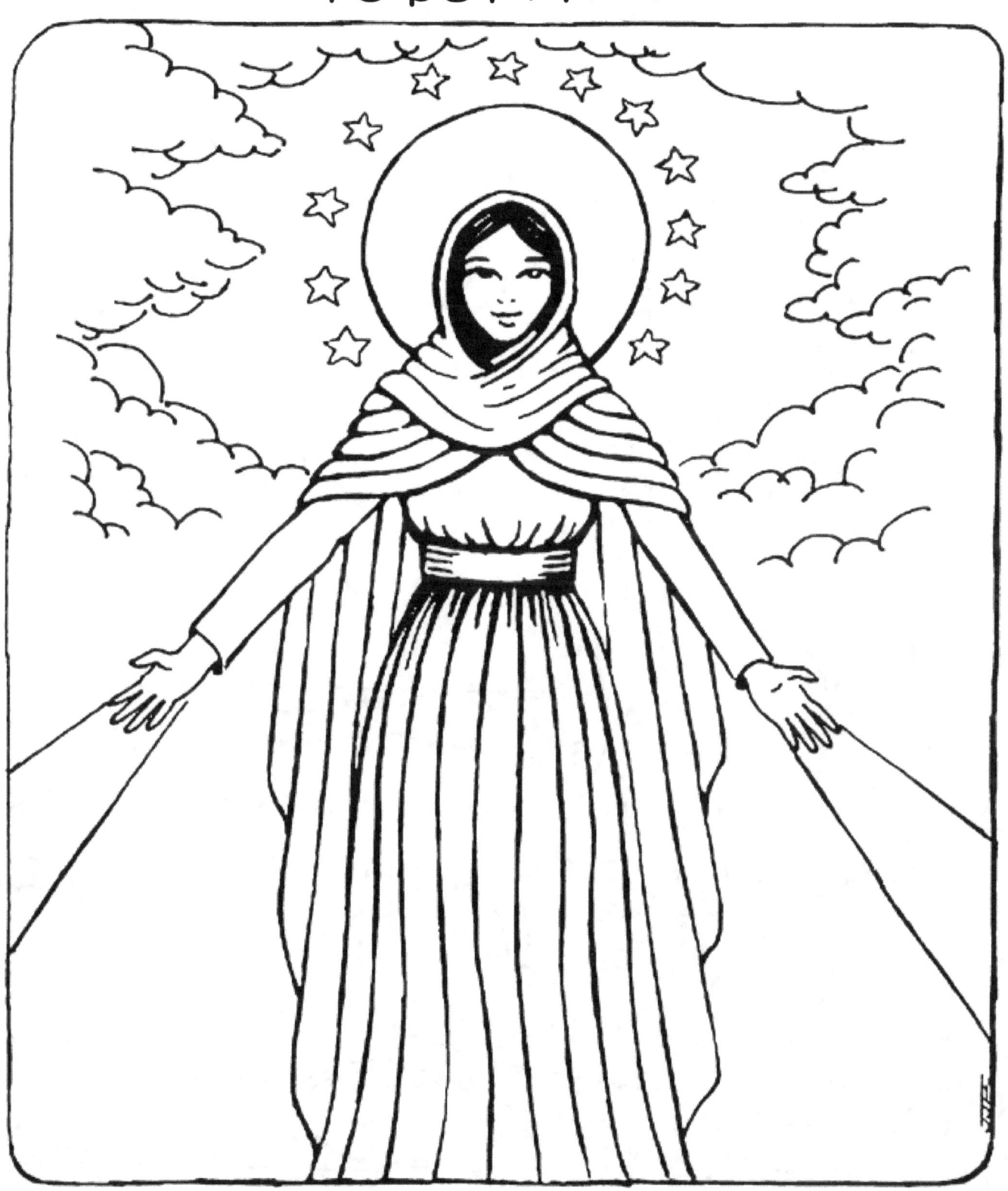

Vengo de Israel y de todas partes. Amo a los niños.
Soy la madre del Niño Jesús.

YO SOY Ochún

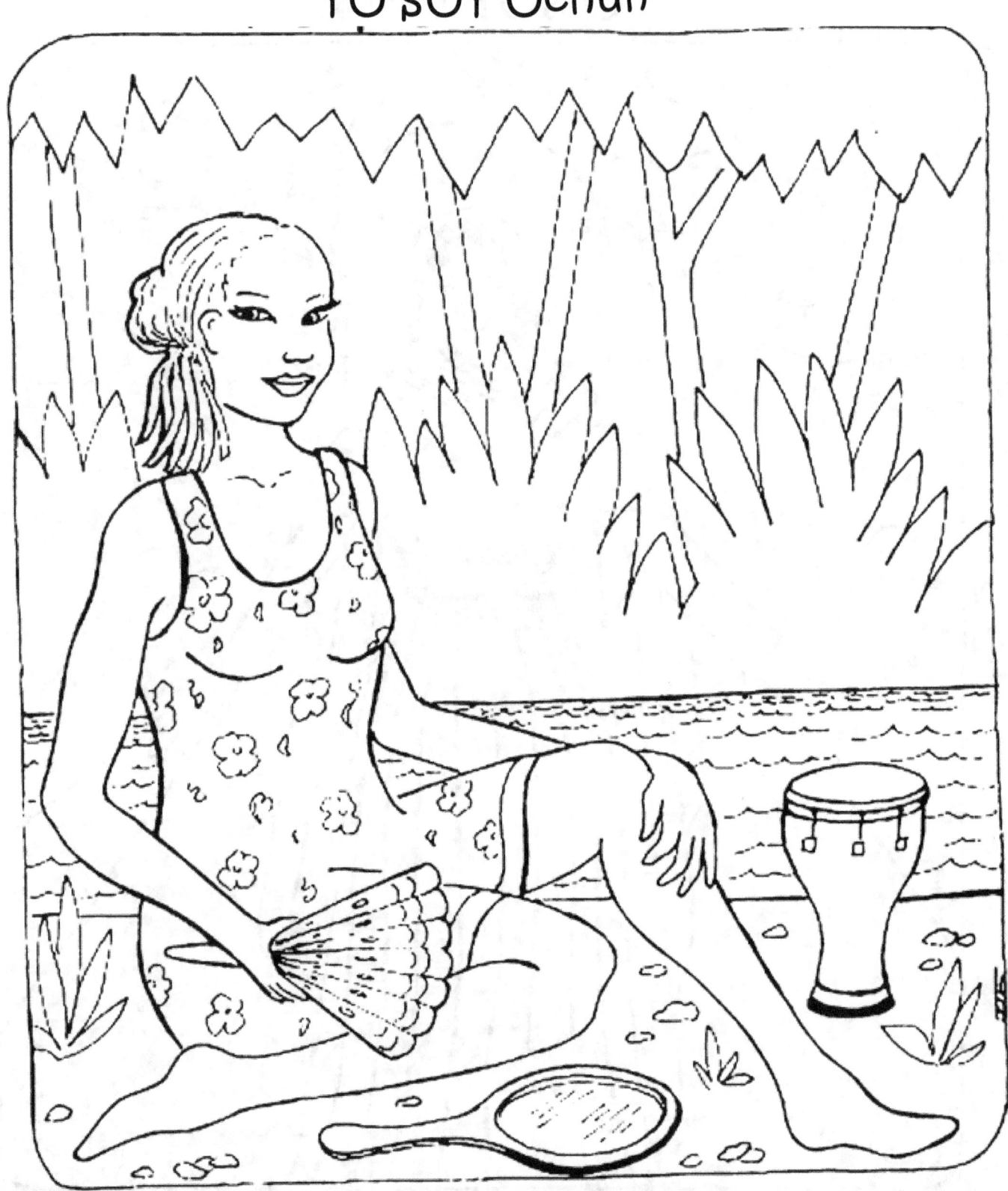

Soy de África. Vivo al lado del río. Me gusta bailar al compás de los tambores.

YO SOY Kali

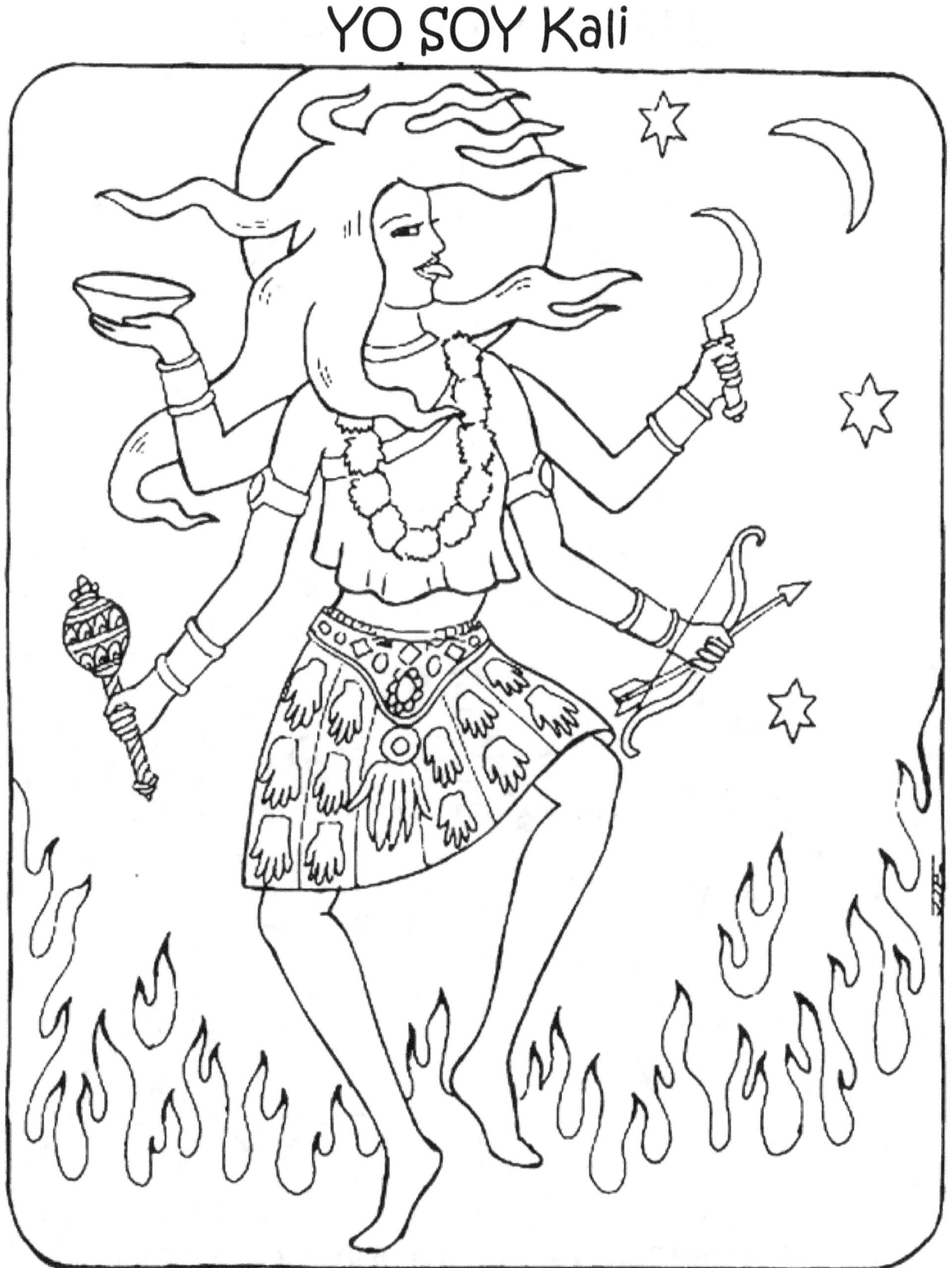

Vengo de la India. Estoy encargada de cambiar todas las cosas todo el tiempo.

YO SOY la Mujer Araña

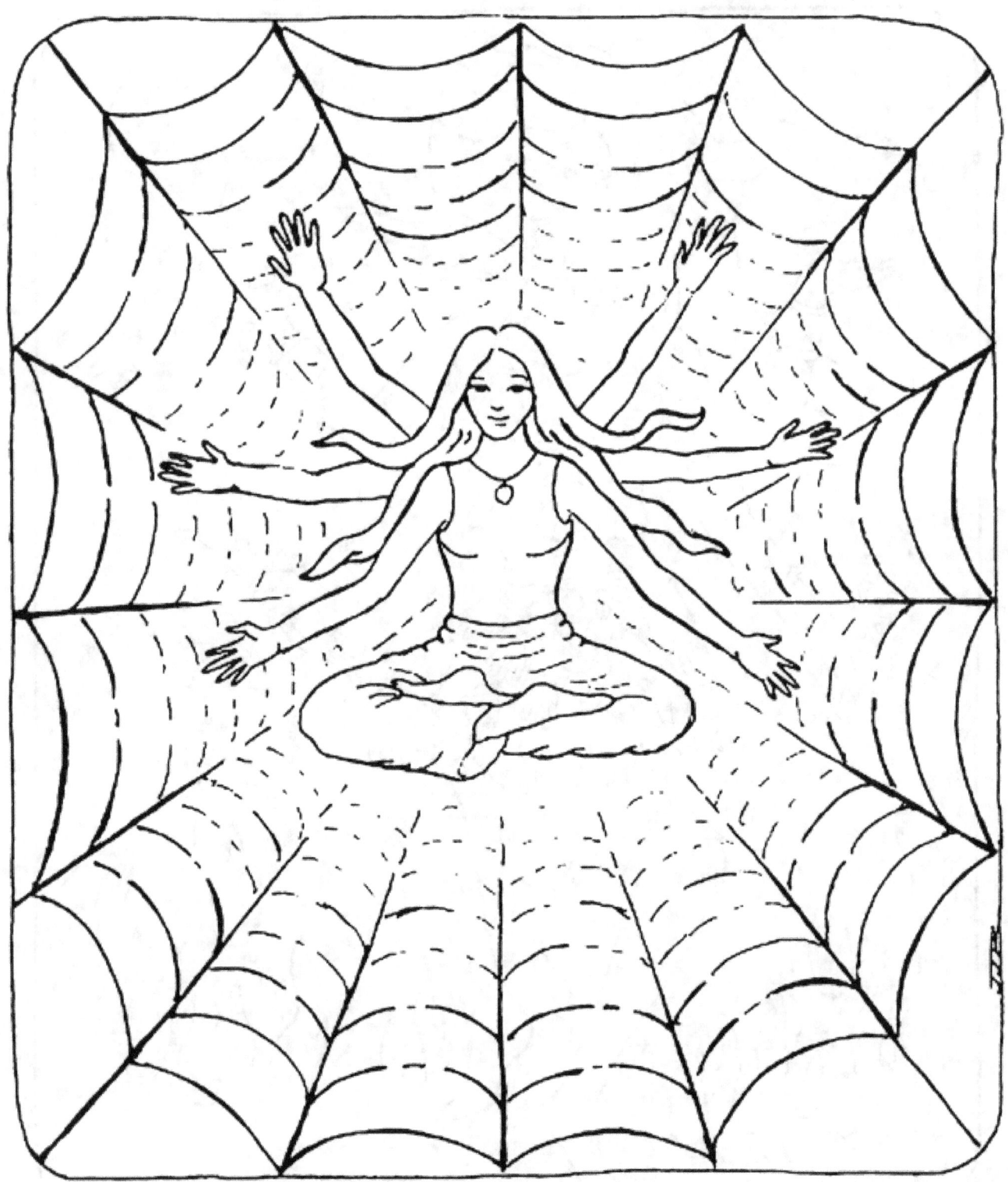

Estoy en muchas de las historias de los nativos
americanos. Tejo la tela que muestra como
todo está conectado.

YO SOY Isis

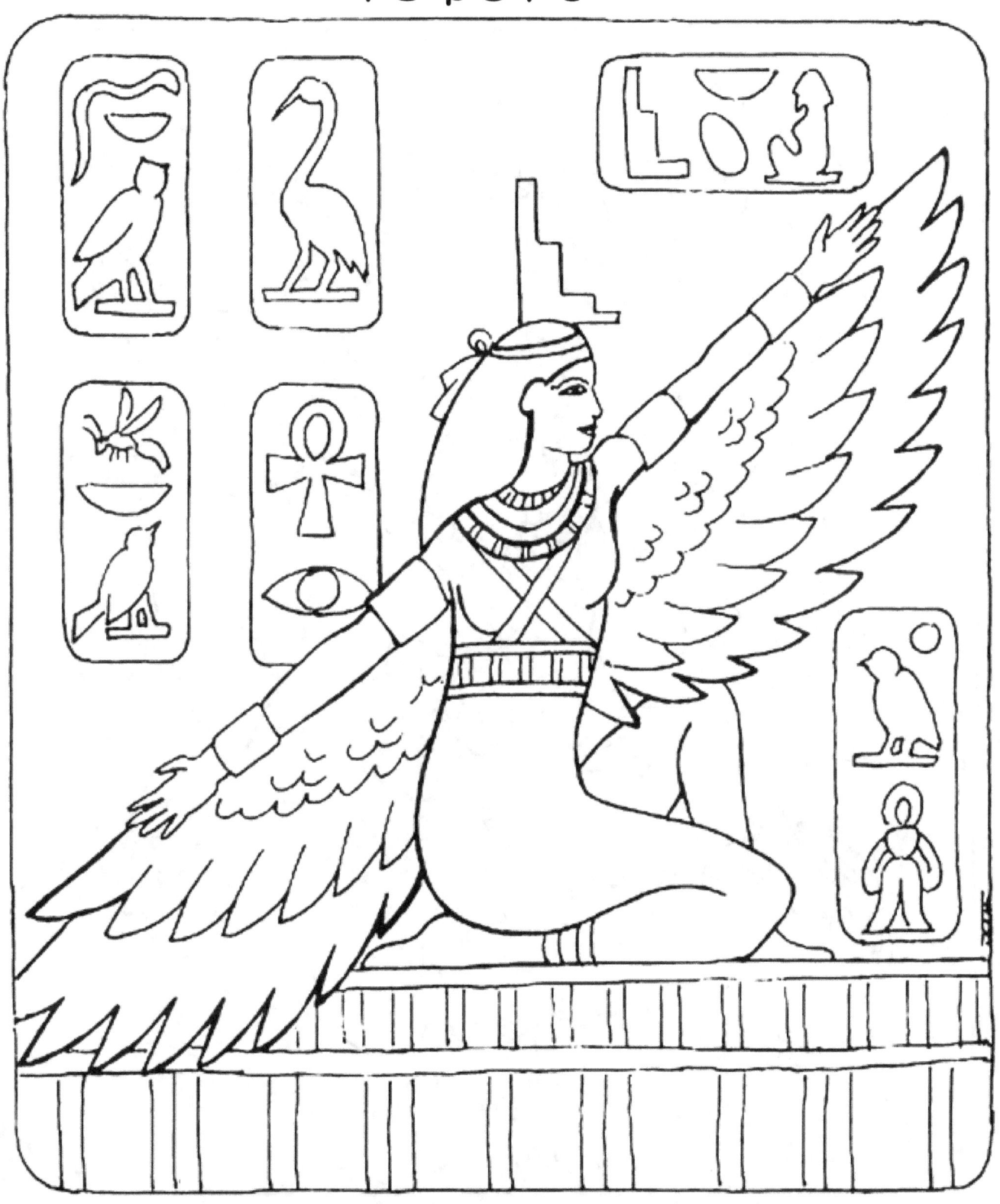

Vengo de Egipto. Soy la Maestra. Sé muchas cosas
secretas. Conozco la verdadera magia.

YO SOY Lakshmi

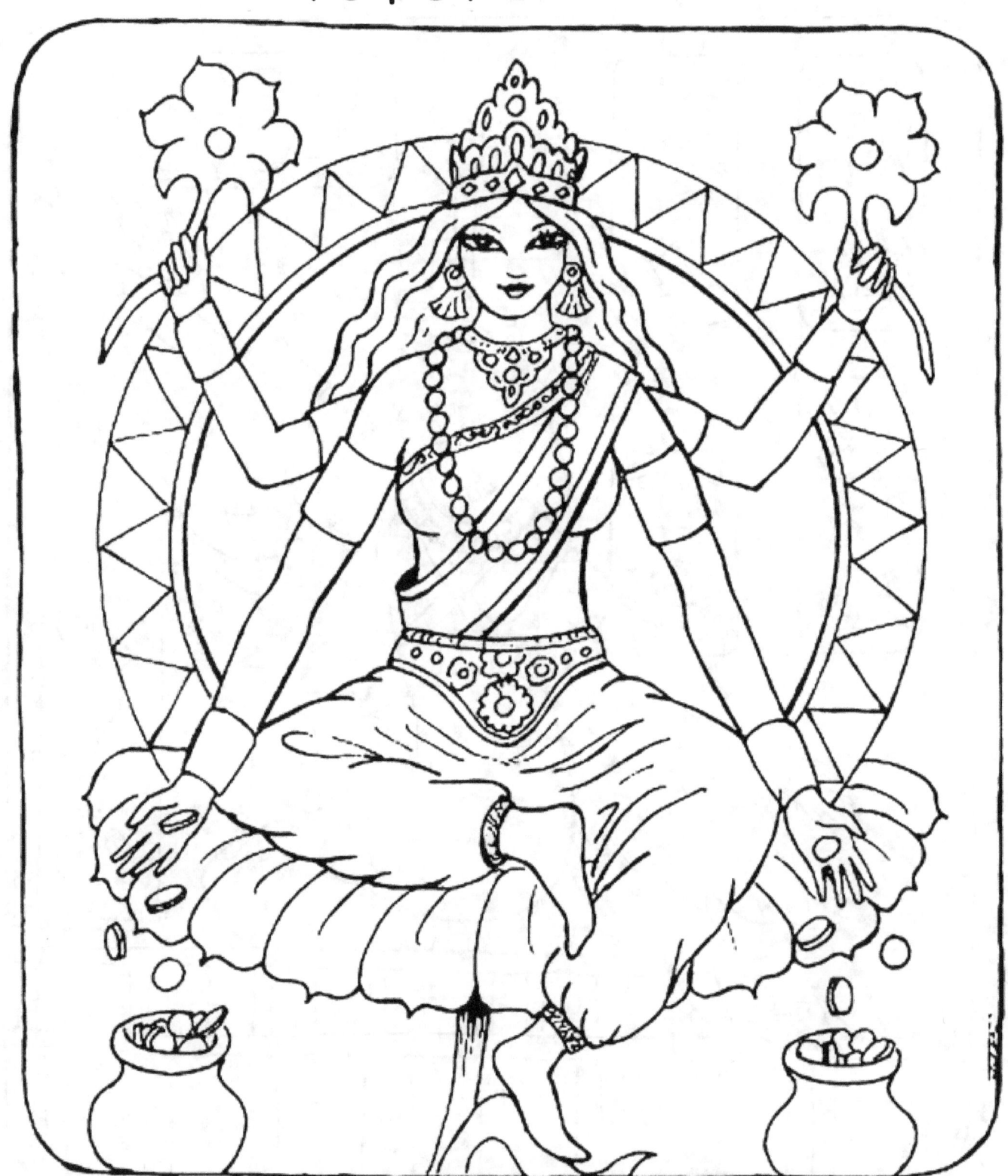

Soy de la India. Puedo ayudarte a conseguir todo lo que deseas, pero debes compartirlo.

YO SOY Inana-Ishtar

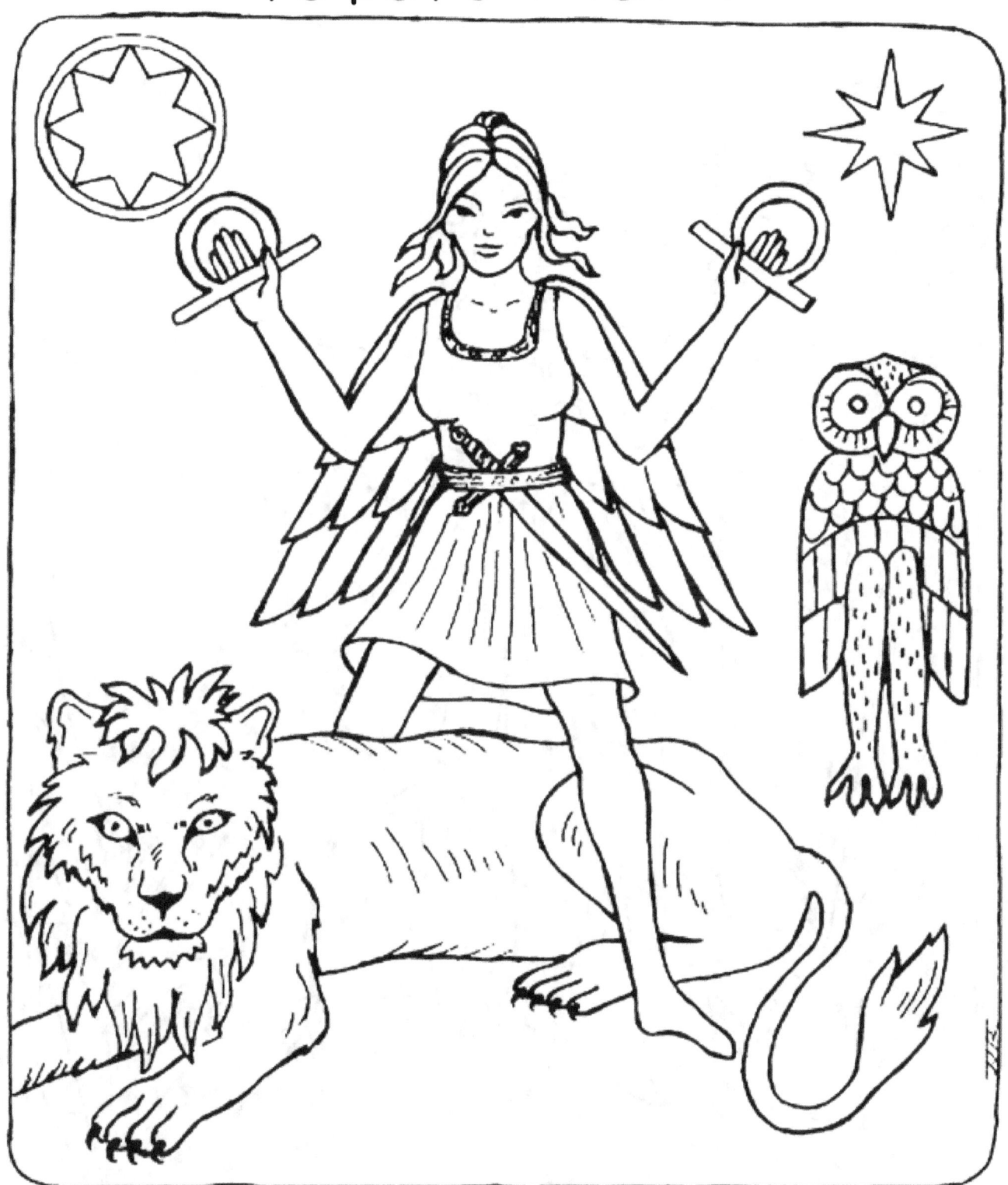

Vengo de un tiempo muy remoto. Soy la estrella de la mañana y de la noche. Soy la gran madre del verano.

YO SOY Atenea

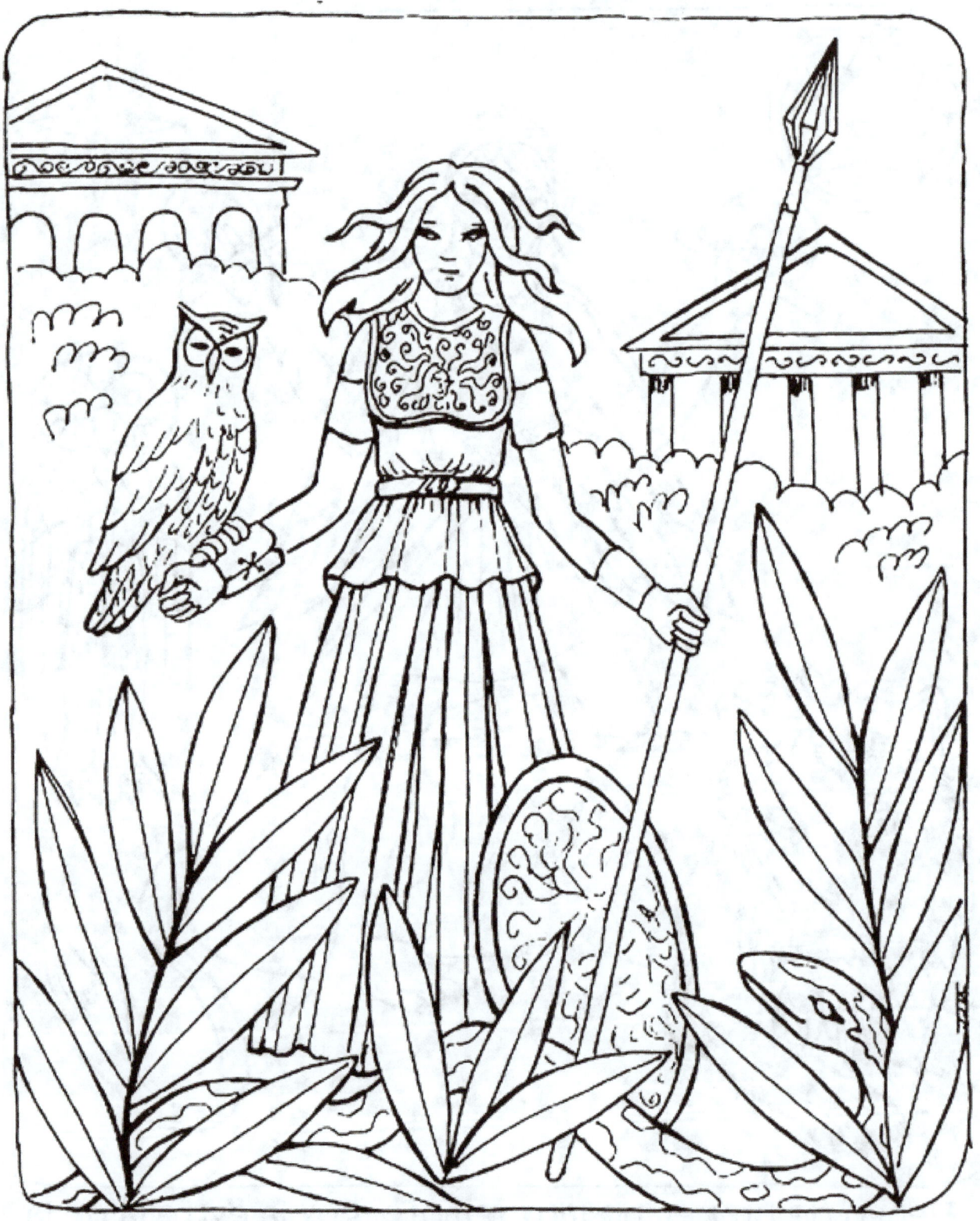

Soy de Grecia. Soy muy fuerte. Tengo el escudo
y la lanza de mi padre Zeus.

YO SOY Freya

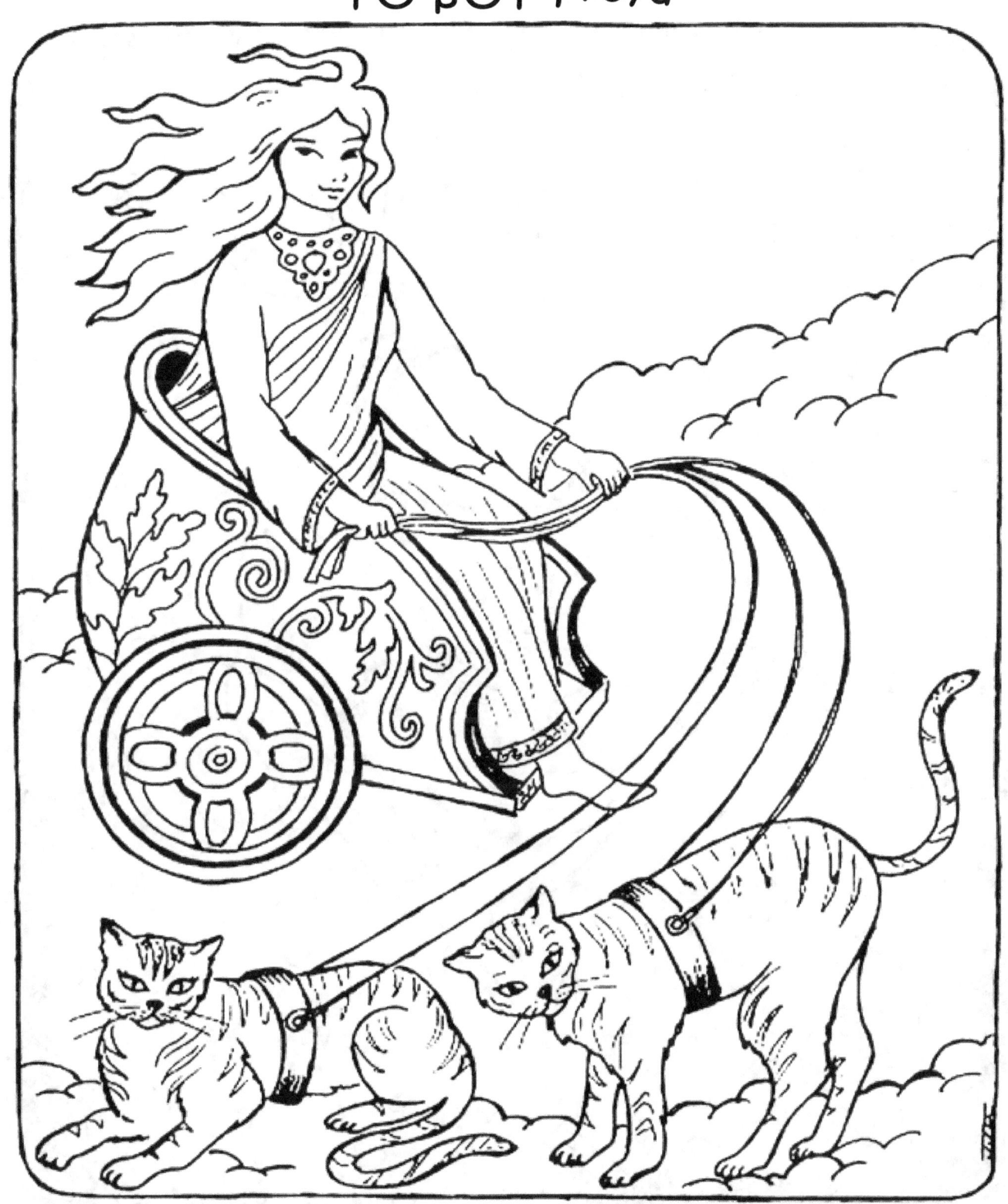

Vengo de los países del Norte. Tengo una carroza tirada por mis maravillosos gatos.

YO SOY Gaia

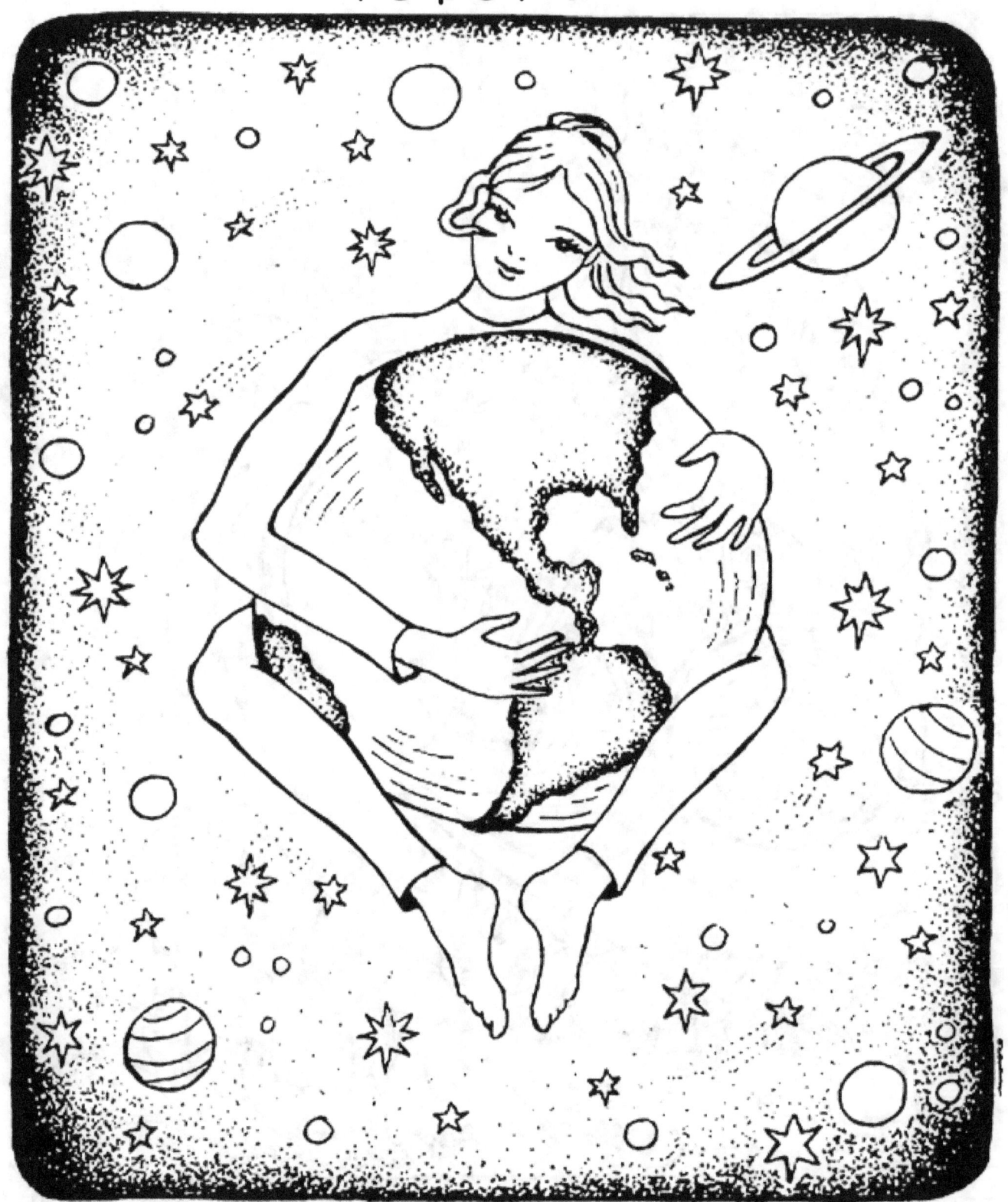

YO SOY Gaia. Soy la Tierra donde vivimos.
Soy la primera madre.

En este espacio puedes dibujarte a ti mismo.
¿Cómo eres?

Este es el primero de una serie de libros para colorear YO SOY para niños de todas las edades, creado en colaboración por James Roderick y Naomi Lake. James es un artista y Naomi es una sanadora. Viven en un pequeño pueblo acunado entre las montañas de Sangre de Cristo, al sur de Colorado, con un perro, un gato, dos peces dorados, y sus imaginaciones.

Para contactar a James...   jjr2223@yahoo.com
                             www.jamesjosephroderick.com
                             www.jamesroderick@fineartamerica.com

Para contactar a Naomi...   Naomi@naomilake.com
                             www.naomilake.com

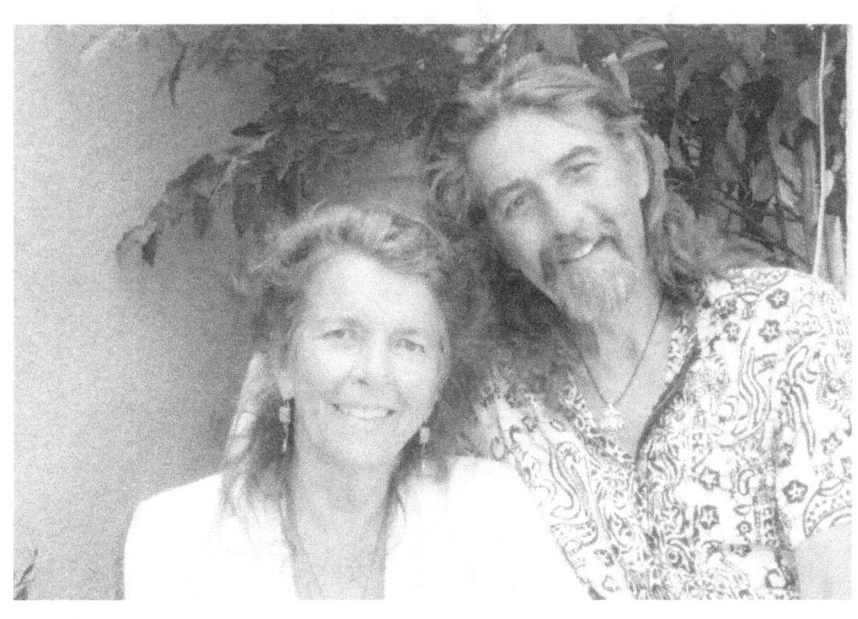